LA VÉRITÉ

SUR L'AFFAIRE

DU MARÉCHAL BAZAINE

PAR

LOUIS BRETON

Prix : 60 centimes.

PARIS
E. LACHAUD, ÉDITEUR
4, PLACE DU THÉATRE-FRANÇAIS, 4

—

1873

Droits de propriété réservés.

LA VÉRITÉ

SUR L'AFFAIRE

DU MARÉCHAL BAZAINE

SIMPLES RÉFLEXIONS SUR UN SUJET A L'ORDRE DU JOUR

LE MARÉCHAL BAZAINE

1. Devant l'Empire,
2. Devant l'opinion publique,
3. Devant l'armée,
4. Devant l'Alsace et la Lorraine,
5. Devant la justice,
6. Devant la conscience.

> Il faut réfléchir mûrement avant de parler, si l'on veut être sage.

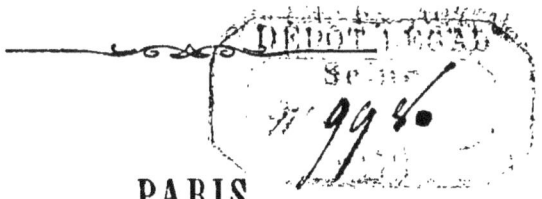

PARIS

E. LACHAUD, ÉDITEUR

4, PLACE DU THEATRE-FRANÇAIS, 4

1873

LA VÉRITÉ

SUR L'AFFAIRE

DU MARÉCHAL BAZAINE

Les gens qui passent à l'avenue de Picardie, près de la grille du parc à Versailles, en voyant un poste militaire et des agents de police, qui gardent les issues d'une maison de modeste apparence, se demandent naturellement ce que renferme cette retraite.... Chacun s'éloigne en hochant la tête et apprécie diversement, selon sa manière d'être et de penser, le *maréchal Bazaine* ; car c'est là qu'il s'est constitué prisonnier, réclamant sa mise en jugement le plus promptement possible : c'était son devoir, car il s'agit de l'honneur du plus haut dignitaire de l'armée.

Sans aucune prétention, ni esprit de parti, mais recherchant autant que possible l'impartialité de la justice, voici de simples réflexions qui nous sont venues dans une bien modeste sphère d'idées.

Un procès unique dans l'histoire se présente aujourd'hui devant la France en deuil et comme affolée par ses malheurs. Ce n'est point un homme vulgaire par son intelligence et sa position sociale qui se trouve en cause ; c'est un maréchal de France, naguère commandant supérieur de la meilleure armée française, le dernier espoir d'une patrie aux abois, qui comparaît à la barre : il se nomme le maréchal BAZAINE.

Depuis 1870, son nom est affiché au pilori de l'opinion publique : il a subi une longue prévention et il a fallu pour sauvegarder son inviolabilité de prévenu, toute l'autorité d'une force armée, car il a contre lui toute la passion de la douleur, de la haine et des partis.

L'Empire tombé lui a dit d'une voix creuse : « Varus, rends-moi mes légions ! » L'opinion passionnée lui crie : « Traître, réponds-nous ? » La justice lui demandera bientôt : « Maréchal, accusé, qu'avez-vous à dire pour votre défense ? » L'armée redemande ses drapeaux et ses armes qu'elle a dû abandonner aux Prussiens, pendant que l'Alsace et la Lorraine redisent en pleurant : Rendez-nous la patrie ! »

Jusqu'ici le maréchal a gardé le silence, car il n'avait point la parole, et ceux qui l'interrogeaient n'avaient pas suffisamment qualité. D'ailleurs, en matière de droit, c'est du positif qu'il faut, et non du cœur et des phrasés, si belles qu'elles puissent être. Examinons chacun, mais taisons-nous devant la voix autorisée du tribunal suprême et de la défense que présentera qui le doit.

Il est facile de dire à celui qui perd au jeu, n'importe pour quel motif, une partie : vous auriez dû faire autrement : vous avez perdu parce que vous avez mal opéré : vous êtes un maladroit : que n'avez-vous fait comme votre adversaire ?

Cette désastreuse partie de la guerre du Rhin en 1870, qui l'avait engagée prématurément, sans ressources suffisantes, sans alliés efficaces, sans véritable plan de campagne positivement arrêté, et presque sans armée ? Qui donc a poussé le premier ce cri malheureux » à Berlin ! Ce n'est assurément pas le maréchal Bazaine : ce n'est pas exclusivement l'Empereur ; ce n'est point exclusivement la France : mais c'est *quelqu'un* dont on ne sait pas bien le nom : c'est tout le monde, si l'on veut, et ce n'est personne ! Quand je dis personne, j'entends parler de cette majorité autorisée et sérieuse qui peut seule décider une question de cette importance. L'Empereur hésitait : la chambre cherchait à plaire au souverain en qui elle avait confiance; l'opinion, partagée, penchait pourtant vers la guerre : notre présomption nous y inclinait naturellement ; les mécontents de l'intérieur nous poussaient à un échec honteusement espéré, dont ils comptaient recueillir les bénéfices. Cependant, l'ennemi préparé depuis longtemps guettait sa proie, et la Providence qui confond l'orgueil par lui-même, nous laissait courir à cette terrible leçon du malheur. Le chef de l'État, débordé par ce cyclone, interrogea le maréchal Lebœuf qui ne sut pas répondre que nous n'étions pas prêts ; ce fut alors que nous marchâmes en avant, vers cinq milliards de dettes et la perte de deux belles provinces !

D'où je crois pouvoir conclure : que nous avons tous plus ou moins la responsabilité de nos revers.

« Tout cela est bon à dire dans un livre, objectera-t-on ; mais c'était à ceux qui tenaient le pouvoir de ne pas nous laisser courir les aventures en ces conditions là : quand on n'est pas prêt à agir, on demeure tranquille. En outre, l'opinion demande satisfaction aujourd'hui ; il lui faut un règlement de comptes : elle le demande au maréchal Bazaine, qui a livré aux Prussiens, dans Metz, la clef de la France, et ce drapeau tricolore qui a fait victorieusement *le tour du monde!* »

On peut répondre : « Quand on crie, l'on ne raisonne pas, le plus souvent » : il s'agit de prouver que l'on a raison de réclamer Metz, l'armée et ses drapeaux, au maréchal Bazaine.

Est-ce lui qui a déclaré la guerre aux Prussiens ? Est-il allé de lui-même à Metz, ou bien l'y a-t-on envoyé avec 170,000 hommes seulement contre toute une partie de l'Allemagne ? On ne lui avait pas dit au juste ce qu'il devait faire : on se réservait de le lui commander au besoin, ou suivant des circonstances qui se modifiaient à tout moment. L'Empereur ignorait tellement lui-même sa ligne de conduite, qu'il errait tristement de Mac-Mahon à Bazaine, et de Bazaine à Mac-Mahon, et qu'il finit par leur laisser à tous les deux le commandement de son armée : c'est là de l'histoire.

A Paris, même indécision dans le conseil de régence : seulement, à la marée montante des casques à pointe, se joignait désormais le flot de la révolution.

Que devait faire devant cette tempête le maréchal Bazaine, livré d'un côté à lui-même, et de l'autre, portant encore au pied le lien d'un pouvoir impuissant qui n'existait plus que pour gêner son initiative? Fallait-il se ruer tête baissée contre les Allemands et se faire écraser en partie contre cette muraille de fer vomissant le feu, en criant : Vive l'Empereur qui tombe? Le maréchal crut sans doute mieux faire en battant en retraite sur Metz pour y concentrer ses forces en vue de la défense, puisque nous en étions réduits là. Metz était la clef de la France et Bazaine ne voulait pas la lâcher. S'y est-il mal pris pour la conserver? C'est aux *spécialistes* à le décider, car tout le monde n'est point stratégiste.

Que si l'on objecte qu'il n'a rien fait de sérieux après les batailles de Gravelotte et de Saint-Privat, il importe de savoir ce qu'il y avait de sérieux à faire? Quels ordres avait-il reçus de l'Empereur lui remettant le commandement en chef? Créé maréchal par Napoléon III, lui a-t-il ou non sacrifié sa propre popularité, pour exécuter un plan désastreux et inhabile? Bref, a-t-il fait son devoir? Voilà ce qu'il faut examiner. Mais devant qui? Devant l'opinion publique? Mais le public est-il apte à juger si savamment de la haute science des armes? Est-on bien en droit de lui demander raison d'avoir été battu par un génie hors ligne que secondaient encore des forces bien supérieures et nos divisions intestines? En toute hypothèse, la passion n'est pas admissible comme juge, et dans un cas aussi particulier, il faut un tribunal compétent, hautement éclairé, impartial.

Donc, le maréchal Bazaine accusé n'appartient qu'à la justice militaire, puisqu'il s'agit d'une place forte rendue, de drapeaux livrés et d'une armée prisonnière : il y a pour cela des règlements à consulter, une situation réservée à considérer, et la science des armes à invoquer.

Encore s'agit-il plutôt de définir ce que le maréchal devait faire, que de faire valoir ce que d'autres auraient fait à sa place et que l'on condamnerait également, s'ils n'avaient point réussi, car *les vaincus ont toujours tort* : *Væ victis!*

Si l'on prononce en toute autorité sur ce sujet, et après avoir consulté soigneusement tous les documents nécessaires, sera-t-on bien certain d'avoir dit la vérité, quand un proverbe consacré par l'expérience des siècles nous vient dire qu'*il est naturel à l'homme de se tromper : errare humanum est?* Or, n'est-on pas davantage exposé à se tromper quand, aveuglé par la passion, sans connaissances nécessaires et sans aucune compétence, on prétend condamner à l'avance un maréchal reconnu *brave* et *intelligent,* qui a réclamé lui-même sa mise en accusation, pour pouvoir défendre son honneur militaire et français ? A-t-il le droit de dire à ses détracteurs : Je suis un prévenu, mais non un condamné; n'allez pas plus vite que la justice; en attendant, taisez-vous! car si vous vous trompiez par hasard, de quel droit m'aurez-vous prodigué vos insultes, à moi maréchal de France? Comment pourrez-vous alors les réparer, et devrai-je me contenter d'une simple rétractation de votre part?

D'où il résulte que cette affaire est *grave* dans son

objet, *importante* dans la personne du prévenu, *difficile* en son examen, et en tout cas *épineuse* dans ses conclusions. Ce n'est pas seulement le maréchal Bazaine qui est en cause, mais encore toute l'armée, toute la discipline et l'honneur militaires, tout le corps des officiers personnifié dans son plus haut grade; il s'agit de l'honneur français accusé par la France elle-même devant toute l'Europe et en face de l'histoire dans la personne d'un Français hautement qualifié. Cela commande-t-il la réserve?

« Mais l'armée crie *au traître*, pendant que l'Alsace et la Lorraine redemandent en pleurant leur patrie? »

« Depuis quand l'armée est-elle juge de ses chefs, surtout quand ils offrent de répondre à qui de droit sur des points en litige, et qui les intéressent autant que personne? Du mécontentement à l'émeute, de l'émeute aux révolutions, et des révolutions à l'abîme, il y a fort peu de chemin à faire, surtout quand les principes sont méconnus, et que les gouvernements s'effondrent..... Que sont aujourd'hui nos héros d'hier? Et que seront demain nos grands hommes d'aujourd'hui?...

Si vous demandez pourquoi Metz a capitulé, l'on peut s'enquérir aussi pourquoi Sedan a succombé? Pourquoi Paris s'est rendu? Pourquoi le gouvernement de la guerre à outrance a fait la guerre avec la *garde nationale en masse*, la *Marseillaise* pour plan de campagne, et des *chaussures en carton*? Pourquoi la capitulation diplomatique de Ferrières? Pourquoi tant de partis politiques en France? Pourquoi nous n'avons pas de lendemain assuré? Pourquoi chacun croit être *sage* en traitant de *fou* son voisin ? Mais il est dur de se poser de semblables problèmes à résoudre devant l'Europe, plutôt que de nous confesser tout bas à nous-mêmes devant le tribunal de notre conscience, afin de mettre un terme à nos égarements.

L'Alsace et la Lorraine sont bien malheureuses : on ne remplace pas, il est vrai, le toit paternel, un titre national et la patrie ; mais il y a quelque chose de supérieur au malheur, c'est le calme de la résignation ! Ce qui fait un *Français* ou un *Allemand*, ce n'est point le langage, le vêtement ou la borne-frontière, mais le cœur ! « Le bien volé ne profite pas ! » dit un proverbe, et il crie sans cesse vers son maître légitime. Or, il y a un Dieu qui voit tout et qui entend toute parole : c'est à lui qu'il faut demander la justice, comme la fin des fléaux. Mais, pour l'obtenir, il faut être juste soi-même et marcher d'accord avec sa conscience. Que nous dit notre conscience ? Qui a le droit de nous faire, excepté Dieu, cette question intime ? Que dit au maréchal Bazaine sa propre conscience, et qui a droit de le lui demander, puisque ce tribunal est personnel et inviolable ?

Puisqu'il a demandé lui-même sa mise en cause publiquement, taisons-nous en attendant qu'il ait commencé et fini de parler, réservant aux juges compétents : la *sentence*.

Ne semblerait-il pas plus logique de lui dire :

« Maréchal, l'Empire vous incrimine ; répondez-lui ce que vous devez : c'est une affaire de dynastie ;

« L'opinion vous suspecte ; éclairez-la : c'est une haute obligation pour vous ;

« L'armée vous regarde avec tristesse, en attendant vos paroles : faites-lui voir ce qu'est un vrai maréchal de France;

« Les Prussiens sont à Metz et les drapeaux de l'Empire à Berlin : reprenez votre épée, et rendez à chacun ce qui lui revient de votre part en toute conscience! Qui oserait désespérer de son pays, tant qu'il existe encore, humilié, mais debout?...

En attendant, que *celui qui se croit sans reproche jette au maréchal Bazaine la première pierre;* mais que chacun fasse, comme il faut, l'examen de sa conscience, sans quoi nous arriverons chacun à la confusion d'une confession publique.

Finalement :

Que reproche-t-*on* au maréchal Bazaine?

Quels seront ses juges *compétents*?

Que *devait*-il rigoureusement faire, en toute justice?

Que répondra-t-il à ses accusateurs et à ses juges !

Sera-t-il condamné, ou bien y aura-t-il un décret de non-lieu?

On ne peut affirmer qu'une chose : c'est qu'il n'est pas prudent de trancher à la légère et sans compétence en cette matière; le *silence* est le meilleur parti :

TAISONS-NOUS!

PARIS. — IMPRIMERIE VICTOR GOUPY, 5, RUE GARANCIÈRE.

www.ingramcontent.com/pod-product-compliance
Lightning Source LLC
Chambersburg PA
CBHW061622040426
42450CB00010B/2616